改憲問題Q&A 2025

［編著］
大江京子
南 典男
永山茂樹

地平社

はじめに――80年間の平和と日本国憲法

今年は戦後80年、節目の年です。

第二次世界大戦が終わってから、日本は、80年にもわたって、基本的に平和を維持することができた、国際的に見ても稀有の国です。その根本には、膨大な被害を内外にもたらした戦争への反省と、その思いを表現した憲法の存在がありました。

しかし、今、日本は、戦争の危機に直面しています。

第一に、憲法9条を改正し、あわせて緊急事態条項を創設しようとする動きが強まっています。

岸田文雄前首相は、2024年8月、自民党総裁選への不出馬を表明した際、自衛隊の明記と緊急事態条項について条文の形で詰め、憲法改正の発議まで持っていくと述べました。同年9月2日、自民党の「改憲実現本部」も、①憲法9条1項、2項の次に「9条の2」を加え、現在の9条の規定があっても「必要な自衛の措置をとることを妨げず」、そのための「実力組織として」、「内閣総理大臣を最高の指揮監督者とする自衛隊を保持する」、②緊急事態条項を明記し、「国会による法律の制定を待ついとまがないと認める特段の事情があるとき」は、内閣は、「政令を制定することができる」、とのたたき台素案（2018年）に基づき、「速やかな憲法改正原案の起草・国会提出につなげていく」としました。

こうした、憲法そのものを変えてしまう明文改憲の動きとともに、私たちが重視しているのは、憲法9条の規範からかけ離れた大軍拡が進められていることです。

岸田前首相は、2022年12月16日、「敵基地攻撃能力」の保有を明記するなどした安全保障関連3文書を閣議決定し、5年間で43兆円もの軍事費をつぎ込む大軍拡路線を進め、日米首脳会談から2＋2（外交・軍事防衛閣僚による日米安全保障協議委員会）を経て、米軍と自衛隊の指揮系統の一体化と敵基地攻撃能力に核兵器を含めること（「拡大抑止」）を合意しました。

2024年に行なわれた総選挙では、自民党が歴史的な大敗をし、与党の自民・公明の議席が過半数を割りました。また、9条の改憲に賛成する他の政党の議席を合計しても、改憲発議に必要な3分の2を下回っています。憲法改正は、そう簡単にはできない状況ではあります。

しかし、岸田政権の後を継いだ石破茂政権は、岸田政権を超える大軍拡路線を進めており、戦争の危険を増幅させています。2025年度予算政府案の軍事費は、8兆7005億円（文教関係予算の2倍超、2027年度にはGDP比2％相当を予定）にまで膨張しました。さらに、石破首相とトランプ米大統領は、2025年2月の日米首脳共同声明で、「2027年度より後も抜本的に防衛力を強化していく」ことを合意しており、さらなる軍事費増額の可能性が大きいです。

際限なき軍事費増大は、私たちへの増税と社会保障費負担につながるでしょう。

今、必要なことは、日本国憲法第9条の規範力を高め、これを多くの市民の声で支え、戦争への道をストップさせることです。このブックレットがその一助になれば幸いです。

（南 典男）

目次

第4章 国家緊急権を憲法に置く？

第5章 憲法と平和のこれからを構想する

Q1 憲法がなくても困らない気がします。憲法は何のためにあるのですか。

A

一言でいえば、私たちの生命や自由を、政府などの「力の強い者」から守るためです。すべての人を抑圧から解放し、人間にふさわしい生の享受を可能にするため、それを阻《はば》むさまざまの権力を排除することは、私たちにとって普遍的な課題です。

アメリカ独立革命やフランス市民革命など、18世紀末の市民革命を経て、諸国民は、近代国家をつくりました。そのとき共通して重視されたのが、市民（国民）が権力を行使するという国民主権の原理、権力の濫用や暴走を防ぐ権力分立の原理、国家でも侵《おか》せない自由や平等を保障する人権尊重の原理でした。そしてそれをアメリカ合衆国憲法（1787年）やフランス人権宣言（1789年）といった文書としてまとめたのです。こういった文書のことを近代立憲主義の憲法、あるいは近代市民憲法と言います。

近代立憲主義の憲法は、国民主権・権力分立・人権を実現するために、国家権力を拘束します。ここから3つのことが導かれます。第一に、国民だけが権力のみなもとであり、政治の主人公（主権者）として権力を行使するということです。そのための仕組み（たとえば普通選挙制度）を整える必要があります。第二に、権力の濫用を防ぐため、権力を複数に分け、異なる組織・担当者に委ねる権力分立を守るということです。歴史が示すように、為政者は、私益のために権力を悪用しがちだからです。第三に、自由や平等（表現の自由、不当な逮捕からの自由、法の下の平等など）を憲法に規定し、権力がそれを侵すことを禁じ、同時にそれを確保する制度的工夫をこらすということです。

もちろん近代と現代では、憲法の内容に違いがあります。それは一つには私たちに対する抑圧の姿が、歴史的状況のなかで変化してきたからです。それを受けた20世紀以降の憲法は、人権リストのなかに、人間らしく生きる権利（生存権）、ひとしく教育を受ける権利、人間らしい条件で働く権利、性や人種によらない実質的平等などを付け加え、民主政治を通じてそれを実現しようとします。また国家の「戦争権」を否定し平和を守ることも、核時代の憲法にとって重要な課題です。このような課題にこたえる憲法を、現代立憲主義の憲法と言います。この意味で１９４６年に制定された日本国憲法も、また現代立憲主義の憲法の一つです。

しかし国家を拘束するという憲法の基本的役割は、近・現代を通じて一貫しています。故・安倍晋三氏は「憲法は国家権力を縛るというのは古い考え方だ」と述べました。しかし国家権力が濫用される危険性、それに対処する憲法の権力拘束性は、いずれも時代と場所を超えたものなのです。

いま世界各地で、法と正義を無視した乱暴な政治手法が横行しています。それは立憲主義の蓄積を無に帰する蛮行とも言えます。それに抗して、個人の解放という営みを未来につなげるために、憲法の権力拘束力を強めることが重要です。

（永山茂樹）

Q2　日本国憲法の特徴を教えてください。

A

日本国憲法の特徴は、よく知られているように「国民主権」「平和主義」「基本的人権の尊重」の3つです。これを「日本国憲法の三大原理」と呼びます。

大日本帝国憲法の下では、主権が天皇だけにあり、国民は「臣民」とされ、天皇に従属するだけの存在でした。しかし現行憲法の下では主権が国民にあります。主権が国民にあるということは、国の政治のあり方を最終的に決める権限が国民にあるということですから、国民は従属する存在ではなく、一人ひとりが政治の主人公として国の政治のあり方について最終的な決定に参加できます。

大日本帝国憲法の下では、戦争に関する権限は天皇にあり、天皇が戦争をすると決めれば戦争が始まり、臣民は徴兵され、時に死ぬことまで強制されました。これに対し、現行憲法が採用する「平和主義」は、戦争放棄（9条1項）に加えて、戦力不保持（同2項）というところまで徹底しています。さらにこれを支えるのが、前文で宣言されている「平和的生存権」です。権利としての平和がある以上、戦争をすることも、戦死を強制されることも、平和的生存権の侵害であり許されません。

さらに平和主義は、民主制を守るためにも不可欠です。戦争のような国家の緊急時には大統領や首相に権限を集中させ、民主制を制限します（国家緊急権と言います。これについては本書第4章の各Q&Aをご覧ください）。したがって、平和主義を維持することこそが民主制を守ることになります。

大日本帝国憲法の下でも臣民に対し権利保障はありましたが、これらは法律によって制限することが可能でした（法律の留保）。つまり帝国議会が法で定めれば、権利はどこまでも制限が可能だったのです。これに対し現行憲法の下では、権利は保障されるのが原則です。権利の制限は例外的であり、それをしなければ他者の権利を保障できず、さらにその制限される権利の保障よりも、他者の権利を保障することのほうが優先されるべきだということが十分に説明されないかぎり、できません。

これらの三大原理はすべて、個人の尊重（13条）という原理に基づいています。個人を尊重するということは、一人ひとりの人間が政治の世界においても尊重されるわけですから、当然に国民主権に帰結します。また個人を尊重するならば、国のために戦争で死んでこいという命令もできません。つまり個人の尊重は、戦争を否定し、平和主義に帰結することになります。つまり、さらに個人を尊重するならば、その個人の持つ諸権利が保障されなければなりません。

憲法の三大原理はいずれも、個人の尊重という原理を支えるために存在しているのです。

ですから、日本国憲法の特徴をまとめるならば、「個人の尊重」という根本的な原理に基づいており、そしてそれが「国民主権」「平和主義」「基本的人権の尊重」という三大原理に支えられていること、になるでしょう。

（大野友也）

Q3　憲法と立憲主義を守るために、どのような仕組みがあるのですか。

A

権力者は憲法に従って権力を行使しなければならない、これが立憲主義ですが、日本国憲法はこれについて99条で「天皇又は摂政及び国務大臣、国会議員、裁判官その他の公務員は、この憲法を尊重し擁護する義務を負ふ」と明確に定めています。同条で名指しされているのはすべて権力を行使する立場の人たちです。モンテスキューは「およそ権力を有する人間がそれを濫用しがち」だ、と言っていましたが、この考え方が背景にあるからこそ、99条は公務員すなわち権力を持つ者らの憲法尊重擁護義務を定めています。

ただ、これだけだと、もし憲法擁護義務者が憲法を守らなかったらどうなるのか、という問題が残ります。そこで、日本国憲法は、裁判所に権力の発動が憲法に違反していないかどうかを判断する権限を与えました。これが違憲審査制度です。裁判所が憲法に違反すると判断した国家の行為は法律も含めて、無効、つまりなかったものとなります。このようにして憲法破壊を防止するわけです。

さて、憲法99条に憲法尊重擁護義務が定められていますが、ここに「国民」が含まれていないことに大きな意味があります。というのも、そもそもの立憲主義の発想からすれば、国民は権力者に対して憲法を守らせる立場になるはずだからです。しかし、２０１２年自民党改憲案は、99条の憲法擁護義務者から、天皇と摂政を外し、国民を加えています。これは、国民が憲法を通じて権力をコントロールするという立憲主義の神髄を理解していないか、そもそも権力をコントロールする気がないかのどちらかでしょう。

国民が権力を監視するという立場から、立憲主義を担うという意味で、国民主権原理やそれを具体化する民主主義のシステムも、立憲主義の仕組みの一つと言ってもいいでしょう。選挙を通じて「お灸《きゅう》をすえる」という発想は、権力に対するある種のコントロールの発現を民主主義のシステムの一つに求めていると言えます。

しかし他方で、民主主義は立憲主義や憲法原理に敵対的に用いられる可能性があることにも注意が必要です。というのも、民主主義のシステムは権力を正当化する機能も持つからです。たとえば選挙の投票の際に起こりがちなのは、「この人にすべてを委ねる」という発想による投票です。この場合は、権力者候補である「この人」を憲法によってコントロールするという契機が希薄になっています。

権力者が憲法によるコントロールを受けるなら、憲法そのものを変える営みは、権力者の権力行使とは明確に区別されたものでなければなりません。そこで日本国憲法は96条で、憲法改正の際には国会の手続を厳重なものにし、かつ国民投票が必要であるとしました。憲法改正を法律の制定と同じ手続にしてしまうと、権力の一つである立法権の行使へのコントロールが効かなくなるからです。

（多田一路）

Q4　日本国憲法が平和憲法だと言われるのはなぜですか。

A

日本国憲法は、①日本がアジア地域で自衛や正義の名によって侵略戦争を行なった加害の反省（「正義の戦争」への徹底的な懐疑と反省）、②国防のための軍拡による不可避的な戦争の誘発と、軍隊が守るのは国家ひいては支配層や軍そのものであって決して国民を守らないことの実体験（沖縄戦など）、③広島・長崎への原爆投下など現代戦争、特に核戦争が絶対悪であり、この「核時代」においては、あらゆる戦争は人類滅亡にもつながりかねず、戦争・軍事力自体、もはや国民の生命・安全を守る現実的な手段にはなりえないことを知ったといった国民の三大経験（深瀬忠一）をふまえて、前文や第９条に平和主義の規定を置いています。

特に注目したいのは、前文第２段の「全世界の国民が、ひとしく恐怖と欠乏から免れ、平和のうちに生存する権利を有する」という、全世界の国民の平和的生存権の保障の規定です。

ここでの「平和」は、「恐怖」（戦争や専制政治）と「欠乏」（飢餓・貧困）から免れた〈真の平和〉をめざすものですから、この規定は、戦争・武力紛争といった直接的・物理的暴力のみならず、飢餓・貧困・差別・抑圧・搾取・生態系破壊などの「構造的暴力」の解消に向けての（非軍事的手段による）積極的な国際協力推進の必要性を規定したものと解されます。そして、こうした「構造的暴力」こそが戦争の根本原因であることを鑑みると、戦争の根本原因から除去し、戦争を起こさない国づくり・国際社会づくりを行なおうというのが憲法の精神です。

また、ここで平和的生存が「権利」であると規定されていること（人権としての平和）が重要です。それは、平和を単なる「理念」と片づけることなく、また、多数決による民主的手続をふまえて決定・遂行される「政策」のレベルをも超えて、国民の平和的生存がたとえ議会における民主的手続を踏んだ多数決の合意・決定によってでさえも侵されてはならず、だから、国民の平和的生存を侵害する政策・法律・予算等は違憲ゆえに法的に無効とされるべき（裁判所の違憲審査・救済の対象となりうる）ことを意味しているからです。民主的に成立した政権であっても数の力で戦争や軍事目的のための人権侵害などを行なえないという法的効果を持ちえます。

さらに、第9条では、戦争放棄・戦力不保持・交戦権否認を規定し、非戦・非軍事平和主義の立場を鮮明にしています。また、憲法全体で、国際協調主義、文民統制、軍法会議設置禁止など、国内外で非軍事平和主義を推進・徹底する内容も規定しています。

日本国憲法の平和主義は、国際連盟規約、不戦条約、国際連合憲章など国際法による戦争違法化の伝統・普遍的な潮流を正統に継承したうえで、戦力の保持を禁止したという形でさらにそれを前進させ、「徹底」をした「徹底的平和主義」です（普遍性と独創性をあわせ持つ）。そのうえで、戦争・武力紛争の根本原因たる「構造的暴力」の根絶・撤廃に向けて、全世界の国民の平和的生存権の保障を実現するための能動的努力を規定した点で「積極的平和主義」でもあり、その存在自体、世界史的意義を持つと思われます。


（河上暁弘）

Q5 憲法を変えてはいけないのですか。時代に合わせて変えるのは当然ではないですか。

A

憲法は、建物で言えば土台や柱にあたるもので、国とそこに生きる人々の生活を支えるための基本ルールです。これを変えることは建物の全体を傾かせたり歪ませたりするおそれがあるため、国民全体の確実な合意を確認するために慎重にならざるをえず、多くの国で通常の法律の改正よりも厳格な手続を定めています（硬性憲法）。ドイツでは、人権保障のコアな部分は、変えてはいけない「永久条項」とされています。

憲法は、各国の歴史のなかで、「これは繰り返してはならない」という反省のなかから生み出されてきました。フランスやアメリカは身分制を廃止して「平等」の原則を採用し、君主制を廃止して民主主義を採用しました。また宗教抗争を繰り返さないための「政教分離」原則を重視しています。日本国憲法もこれらの考え方を共有し、さらに「戦争を繰り返さない」という決意を前文と第9条で宣言しています。ドイツのような改正禁止の規定がなくても、こうしたコアな部分は「改正」によっても変えてはいけない、とする学説も有力です。

一方、世界中の国で、新しい人権を保障するニーズは常に起きています。特に憲法制定時には気づきが足りなかった問題に、国と社会が後になってから気づくことがあります。フランス憲法の出発時には、「人権」は男性の権利だと思われていたのですが、今では男女平等は重要な原則となっています。アメリカ憲法はスタート時には奴隷制と人種差別を認めていましたが、これが長い時間をかけて修正されてきました。日本でいう憲法改正というよりは、権利をバージョンアップするタイプの修正条項の追加によって、奴隷制と人種差別が禁止されるに至ったのでした。また、プライバシー権のように、憲法改正ではなく裁判所の憲法解釈によって確立してきたものもあります。

つまり、同じ憲法のなかにも、《Uターン禁止》と言うべき事柄と、《人間が人間らしく生きるために必要な発展》として、時代のニーズに合わせて認められてきた事柄があるのです。

2025年現在の日本では、いまだに達成度の低い男女平等に加えてLGBTQの平等、環境汚染による健康被害を受けない権利としての人格権（環境権）、プライバシー権や氏名権などの人格権、文化享受の権利などなど、多くの新しい人権が生み出されてきましたし、まだ確立の途上にある権利もあります。こうした人権の成長発展の背後には、人々の人権要求運動がありました。その多くは、憲法13条の「幸福追求権」を足場として生み出されてきました。こうしたものを認めていくことは、自由・平等・個人の尊重・国民主権といった憲法のコアな原理原則に逆行するものではなく、憲法の成長として肯定できるものです。

一方、戦争・武力行使とその威嚇などの軍事行動や、戦前のような身分制度や家制度をとることは、憲法が《Uターン禁止》の規定を置いている事柄ですから、解釈の名の下にこの禁止をゆるめることはできません。

（志田陽子）

Q6　憲法を変えるときは、どのような手続を経るのですか。

A

憲法改正の手続は、憲法96条および改憲手続法と国会法（改憲手続法で改正）に基づいて、以下のように行なわれます。

改正案がまとまると改正原案として国会に提出されます。衆参両院の総議員の3分の2以上の賛成で可決されると国会によって憲法改正案として発議され、国民投票で過半数の賛成があると憲法改正が実現します。

国民投票は発議の日から「60日以後180日以内」に行なわれることになっており、満18歳以上の国民が有権者になります。憲法改正案は「内容において関連する事項ごとに区分」されることになっており、緊急事態条項と自衛隊明記が同時に発議された場合には、投票は別の投票用紙で行なわれます。

「憲法審査会の論議から改正案を」との考え方から、衆議院の憲法審査会（Q10を参照）を中心に緊急事態条項・議員任期延長や自衛隊明記などの論議が続けられてきましたが、改正案はまとまっていません。2024年の総選挙で、改憲を支持する会派の議席が3分の2を割り、このままでは衆議院で可決できなくなったことは、重要な意味を持っています。

改憲手続法は重大な問題をはらんでいます。「任期中の9条改憲」を叫んだ安倍晋三首相（当時）の下で、「改憲に傾斜したレール」として２００７年に強行採決されたためです。

公務員・教育者の国民投票運動に規制があること、最低投票率の規定がないことなども大きな問題ですが、最大の問題は、賛成や反対を勧誘する国民投票運動が「自由すぎる」ところにあります。

がんじがらめに禁止され資金にも厳しい規制がある選挙運動と違って、政党、企業・団体、個人が行なう国民投票運動は原則として自由とされ、運動の手段・方法や資金についての規制はありません。世論誘導効果が大きいテレビ広告も投票日前14日から投票日まで禁止されるだけです。これでは企業などが資金力を投じて広告宣伝を展開し、「カネで改憲を買う」事態を招きかねません。

このことは成立当時から問題とされていましたが、成立後にウェブ上の情報拡散が飛躍的に拡大したことにより、ネット広告などのウェブ上の運動についての規制の検討も求められるようになりました。

２０２１年６月、国民投票手続を選挙手続に合わせる「公選法並び」の改正が成立した際、改憲手続法に附則４条がつけられました。広告放送・ネット広告への規制、資金の規制、ネット利用の適正化に必要な措置を３年以内に講じるというものですが、いまだに措置は講じられず問題は解決していません。

附則で義務づけられている措置を怠ったまま、憲法改正の手続が進められることなどあってはなりません。

（田中　隆）

Q7　憲法96条と改憲手続法の手続を使えば、どんな改憲もできますか。

A

この問題には2つの側面があります。一つは、憲法の定める所定の改憲手続を踏めば、いかなる内容の改憲も許されるのか、という改憲の「限界」の問題です。日本国憲法については、国民主権、人権保障、平和主義という基本原理そのものを変更する改憲は許されないという見解が有力です。

もっとも、現代の改憲論において問われるべきなのは、もう一つの別の側面です。それは、国会が改憲の発議（改憲案を確定すること）を行ない国民が承認するという憲法96条の定める改憲手続を前提として、内容が「限界内」であれば、国会は自由に改憲の発議を行ない、国民に提案することができるのか、という問題です。

国民は、主権者として国民投票において改憲に関する最終的な決定権を持ち、国会が確定した改憲案を承認するだけでなく否決することもできます。だからといって、国会が自由に改憲案を決めて、国民に提案することが許されるわけではありません。主権者ではない国会が自由に主権者国民を呼び出すことができるはずがありません。

内閣による衆議院の解散には「大義」が必要であると言われます。国会が改憲の発議を行ない国民に改憲案を提案して国民投票を行なうことにも、衆議院の解散と同様に、あるいはそれ以上に、それを正当化できる理由が求められます。「改憲発議の大義」、「国民投票の大義」が必要なのです。日本国憲法は、あらゆる改憲に国民投票を義務づけていますから、改憲の発議についても、きわめて慎重な態度をとっていると考えられます。「とりあえず国民に聞いてみる」ための改憲の発議は許容されません。ちなみに、国民投票の実施には1回あたり約850億円相当の費用が必要とされています。

国会による改憲の発議が正当化されるには、その改憲がなぜ必要なのかが明確でなければなりません。必要性を欠く改憲案は国民投票で問うに値しないでしょう。たとえば、教育の無償化や大規模災害・感染症の拡大等に対応することは、法律で可能なのであって、わざわざ改憲をする必要はありません。国会は、法律をつくる権限も持っています。したがって、法律で対応できることを、国会が法律ではなく、あえて改憲案として国民に提案する際には、そのような発議がなぜ必要なのかが厳密に問われるべきです。このようなことが十分に議論されたうえで初めて国会の改憲の発議は正当化されます。

現在は、国民が他の政策課題よりも改憲を積極的に求めているという状況ではないことは明らかです。そのようななかで、憲法99条で憲法尊重擁護義務が課されている権力担当者が改憲を主導することには疑問があります。国民を置き去りにして、国会のなかだけで盛り上がる改憲論は、正当性がないと言うべきです。「国民の意見は国民投票で聞くのだから、発議の段階で国会は国民の意思を無視してもよい」ということにはなりません。


（井口秀作）

Q8　自民党は憲法をどのように変えようとしているのですか。

A

２０１２年４月、自民党は「日本国憲法改正草案」を公表しました。それは、①天皇を「元首」に、②「国旗・国歌」規定の新設、③「国防軍」の明記、④「緊急事態」の章の新設、⑤憲法改正の発議要件の緩和、⑥国民の「憲法尊重擁護義務」の明記など、日本国憲法を根本的に改変するものでした。これこそ、自民党保守派の「本音」でしょう。この草案の前文には、日本国は天皇を戴《いただ》く国家であって、日本国民は国を自ら守り、経済活動を通じて国を成長させ、我々の国家を子孫に継承するためこの憲法を制定する、とあります。

２０１８年３月、明文改憲への執念を持つ安倍晋三政権の下、自民党は「条文イメージ（たたき台素案）」という４項目の改憲案を発表しました。ここで言う４項目とは、①自衛隊明記、②緊急事態対応、③合区解消・地方公共団体、④教育充実、です。①②については本書３章・４章で詳しく述べられるので、ここでは③と④を扱います。

まず③です。参議院議員の地方区は従来、都道府県を単位としてきましたが、議員定数の不均衡につき違憲訴訟が提起されました。そのようななか、最高裁は２０１２年、「都道府県を各選挙区の単位とする仕組みを維持しながら投票価値の平等の実現を図るという要求に応えていくことは、もはや著しく困難な状況に至っている」と判示しました（最大判２０１２年10月17

日）。このような判決をふまえ、２０１５年の公職選挙法改正によって、鳥取県と島根県で１つ、徳島県と高知県で１つの選挙区とする合区制度が導入されました。ですが合区に対しては、その対象となった４県や全国知事会から批判が出されたのです。③は、それを受けての改憲案です。しかし、これは法律で対応すればいいことです。全国一区の比例代表制にするなど、合区をせずに投票価値の平等を実現する制度をつくればいいだけで、改憲の必要はありません。自民党は、国会議員を「全国民の代表」（憲法43条）でなく、都道府県代表にしたいのでしょうか。

次に、④です。経済的理由で十分な教育が受けられないという問題は切実ですが、憲法に問題があるのでしょうか。実態を少し見ましょう。２０２４年9月にＯＥＣＤが公表した「図表で見る教育」では、２０２２年の政府支出における教育関連費の割合比較で、日本はＯＥＣＤ加盟国36カ国中３番目の低さです。つまり自民党政権は、教育にお金をかけていないのです。これこそが問題です。私立学校につき、憲法89条が、公金・公財産は「公の支配に属しない」教育事業に支出できないとある点が問題にされます。しかし、私立学校にも国は監督権限を有しており、政府も私立学校は「公の支配」に属していると解しています。そもそも憲法26条は、「ひとしく教育を受ける権利」を保障していますし、日本も批准している国際人権規約（A規約13条・14条）は「教育に対する権利」を規定しています。必要なのは、「教育を受ける権利」を具体化する施策であって憲法改正ではありません。

（奥野恒久）

Q9　改憲政党は自民党だけですか。野党からもさまざまの改憲論が出されていませんか。

A

この間、政党で言えば、与党の自民党と公明党だけでなく、野党の日本維新の会、国民民主党も、いわゆる「改憲勢力」と言われてきました（他にも、参政党や保守党も）。

維新の会は、2016年に教育無償化（幼児期教育から高等教育までの無償化）、統治機構改革（道州制の導入、国と地方自治体との役割分担）、憲法裁判所の設置という3項目の改憲案をまとめました。ただ、教育無償化は法律で対応可能ですし、役割分担論は防衛・安全保障政策を国の問題とすることで、沖縄県のような自治体の異論を封じることになりかねません。日本と同様に憲法裁判所がないアメリカは数多くの違憲判決を出していますし、憲法裁判所を設置すると一発で合憲判決が出る可能性もあり、慎重な検討が必要です。

国民民主党は、2020年に包括的な憲法改正に向けての論点整理を公表しました。これは、人権保障のアップデート（デジタル時代の情報自己決定権の明記など）、地方自治の発展・強化（住民自治・団体自治などの明記）、統治のあり方の再構築（臨時国会召集期限の明確化など）、三大原理の確認・宣言と国家目標規定の創設という4つの柱で構成しています。ただ、情報自己決定権は憲法13条（幸福追求権）の解釈で保障は可能ですし、住民自治・団体自治は憲法92条から保障されると憲法学界で考えられています。

さらに、国民民主党の議員などから「立憲的改憲論」も出てきました。憲法裁判所設置論以外に、個別的自衛権を憲法に明記すれば集団的自衛権行使に歯止めをかけられるというのです。しかし、これらの論者は限定的な戦力明記論も同時に言っており、憲法9条2項の戦力不保持規定を変える、2012年の自民党改憲案に近づく議論だと言えます。

そのようななか、2021年の衆議院選挙で改憲勢力が約4分の3の議席を獲得することで、2022年の衆議院の憲法審査会から緊急事態条項について活発な議論が行なわれるようになりました。さらに、2023年には維新の会・国民民主党・有志の会（衆議院の院内会派）が緊急事態に際して議員任期の延長を行なう条文案を作成します。この改憲案は、「武力攻撃、内乱・テロ、自然災害、感染症のまん延、その他これらに匹敵する事態」に議員任期の延長を行なうというものです。しかし、この改憲案も自民党の緊急事態条項案と同様、「その他」にどのような事態が入るのか曖昧ですし、「選挙困難事態」に議員任期の延長をするということは、選挙可能地域の有権者の選挙権の停止や制限をもたらします。

自民党が改憲の本命としている9条改憲については、与党内でもまとまっていませんが、緊急事態条項論については一部野党も前向きな状況です。確かに、緊急事態に際して国会議員の任期を延長するというのは一つの選択肢となりうるでしょう。しかし、任期の異なる二院制をとっている日本で本当に必要なのでしょうか。参議院には解散がなく、半数改選ですし、参議院の緊急集会の規定もあります。今、急いで改憲をする必要があるのか、他に議論すべき問題があるのではないか、考える必要があります。

（清水雅彦）

Q10 いま憲法をめぐる議論はどのような状況ですか。ニュースで「憲法審査会」という組織のことを目にしますが。

A

改憲論の高まりを受けて、2000年1月、国会に「憲法調査会」が設置されました。会長の故中山太郎氏は、①憲法論議は政局を持ち込まず、静謐《せいひつ》な環境の下で行なう、②野党第一党の幹事を会長代理とする（与野党の合意尊重）、③少数会派の意見も尊重するという、後に中山方式と言われる運営ルールを確立しました。

「憲法改正」を訴える安倍首相（当時）が政局を持ち込み、「日本国憲法の改正手続に関する法律」（「改憲手続法」）を、2007年5月18日、与党の強行採決により成立させ、改正国会法に憲法審査会が規定されました。しかし「九条の会」をはじめとする全国的な護憲運動が生起し、憲法審査会は長く開催されず、改憲議論は凍結されました。

その後、2016年の参議院選挙で、衆参ともに改憲勢力が3分の2以上となり、2017年5月、安倍首相（当時）は、2020年には新しい憲法を施行すると宣言し、自民党は、翌3月に自衛隊明記・緊急事態条項・教育無償化・合区解消と地方公共団体の4項目の改憲条文イメージ（たたき台素案）をまとめました。これに対し、「総がかり行動実行委員会」が中心となった反対運動が起き、安倍改憲は再び頓挫《とんざ》しました。

2021年10月の衆議院選挙で改憲勢力が3分の2以上の議席を維持し、自民・公明・維新の会・国民民主党などの改憲派が、衆議院憲法審査会で、緊急事態下の国会議員の任期延長改憲の必要性を主張して、今も議論が続いています。しかし改憲派の言う、選挙が長期間、広範囲でできない事態は想定できず、改憲の必要性はありません（詳しくはQ20参照）。

憲法（改正）の議論は、中山方式とはかけ離れて常に政局に翻弄されてきました。そもそも、首相や国会議員は「憲法尊重擁護義務」（憲法99条）を負っていて、憲法改正を国民抜きに主導することは許されないはずです。国民は、今、憲法改正を求めていません。国民が求めているのは、経済や賃金政策、教育、社会保障の充実です。自民党など改憲派も、憲法改正を選挙の争点とすることを避けています。

憲法審査会は、憲法改正原案の審査だけではなく、憲法について広範かつ総合的な調査を行なうことも任務とします。憲法審査会で議論すべきは、人々のいのちと暮らしと平和を守る憲法の理念を活かすための議論です。憲法が遵守されていない実態を徹底的に議論して、憲法に基づく政治を取り戻す議論こそが、憲法審査会には求められています。

（大江京子）

Q11 自衛隊は軍隊ではないのですか。現行憲法の下で、憲法違反ではないのですか。

A

政府は、「日本国民は、正義と秩序を基調とする国際平和を誠実に希求し、国権の発動たる戦争と、武力による威嚇又は武力の行使は、国際紛争を解決する手段としては、永久にこれを放棄する」とする9条1項について、侵略戦争を放棄するものとし、自衛戦争は放棄していないとしています。また、戦力不保持を定める9条2項をめぐっては「外国からの急迫または現実の違法な侵害に対し、自国を防衛するために必要な一定の『実力』を行使する自衛権」まで放棄していないとし、「自衛のための必要最小限の実力組織であり軍隊とは異なる自衛隊」を合憲としています。

ＧＨＱの日本占領政策は日本の軍国主義壊滅を基本政策とし、日本の軍備は廃止されて日本軍は解体されました。しかし、１９４９年中華人民共和国成立、翌年の朝鮮戦争勃発を受けてアメリカは日本に再軍備を命じ、朝鮮半島に派遣された米軍に代わり在日米軍基地防衛のために設立された警察予備隊を、政府は「戦力とは、警察力を超える実力部隊」（だから警察予備隊は戦力ではない）という解釈で正当化しました。しかし、１９５２年に警察予備隊が保安隊と警備隊に改組される際、政府解釈は変更され、「戦力とは、近代戦争遂行に役立つ程度の装備・編成を備えたもの」とされました。これは、戦力と警察力の間に、そのいずれにも属しない実力組織がありうるという考え方です。そして1954年7月に設立された自衛隊について、鳩山一郎内閣は、「自国への武力攻撃の場合に、国土防衛手段として武力を行使することは、憲法に違反しない」という立場から自衛隊を正当化するに至りました。ここでは、近代戦遂行能力の有無にかかわらず、実力組織が「自衛のための必要最小限の実力」の範囲に収まるか否かという判断基準を下回っていれば合憲とする解釈へのシフトを見てとることができます。そして、その後の歴代政府は一貫して、この憲法に違反しない形で行使されうるものとしての「武力」について、「自衛のための必要最小限の実力」(防衛力)であり、あくまで「戦力」ではなく、自衛隊は軍隊ではないとしてきました。
ただし、そのような自衛隊の実質を担保するために、歴代政府は、「自衛のための必要最小限の実力」の範囲外として、他国に侵略的な脅威を与えるような攻撃的武器(大陸間弾道ミサイル、長距離離戦略爆撃機、攻撃型空母等)を保持することはできないと説明してきました。しかし、2022年の安保3文書により、相手国の領域内にあるミサイル発射手段等を攻撃するための敵基地攻撃能力(反撃能力)の保有・行使が認められたことや、最新鋭ステルス戦闘機F35の搭載・運用が可能となる護衛艦「いずも」の空母化等、「自衛のための必要最小限の実力」という枠からの逸脱が懸念されています。そもそも憲法学説では、自衛隊は憲法9条に反する違憲な戦力と見る立場が一貫して有力であり、現在では、政府の従来の憲法解釈に照らしても違憲の指摘を免れないと考えられています。

(麻生多聞)

Q12 自衛権や自衛隊を憲法に明記してはいけないのですか。すでにあるものを追認するだけで、何も変わらないのではないですか。

A

自民党は、２０１８年3月26日の党大会で「憲法改正に関する議論の状況について」という文書を採択し、憲法９条に自衛隊を明記することを含む４項目の改憲案（「４項目」改憲案）を打ち出しました。これは、現在の９条、とりわけ２項を書き換えるそれまでの改憲案への他の政党の同調が芳《かんば》しくないことから持ち出されたものですが、その本質は、従来の９条改憲の構想と変わりがありません。

「４項目」改憲案では、現在の９条1項と2項に変更を加えずに、９条の２として以下の項目を加える案が最有力の案として提示されています。

「前条の規定は、我が国の平和と独立を守り、国及び国民の安全を保つために必要な自衛の措置をとることを妨げず、そのための実力組織として、法律の定めるところにより、内閣の首長たる内閣総理大臣を最高の指揮監督者とする自衛隊を保持する」

この規定が加わると、「戦力の不保持」を定めた9条2項は、「自衛隊の保持」によって有名無実化することになります。「国……の安全を保つための……実力組織」と「戦力」との区別はつきません。「必要な自衛の措置」を可能にした結果、「武力の行使」と「武力による威嚇」とを放棄した9条1項の意味も変わってしまいます。現在の9条は、条文としては残されても、その意味は、9条の2が加わることで、まったく変わってしまうのです。

したがって、自衛隊明記によって「今までと何も変わらない」というのは、まったくのまやかしの議論です。「変わらない」のなら、なぜわざわざ条文を加えるのでしょうか。「変えるために、そして「変える必要がある」からこそ、9条の2を加えようとしているのです。およそ法律の条文を追加するというのは、そういうことです。

従来の憲法9条の下で、「自衛隊は戦力にあらず」とされてきたからこそ、政府ですら集団的自衛権の行使を違憲とせざるをえず、海外派兵はしない、「敵基地攻撃能力」は持たない、防衛費をGDP1%以内に抑えるといった制約がかけられていたのです。自衛隊明記は、これらの制約を取り払う効果を持つことでしょう。

自衛隊の憲法明記は、シビリアン・コントロール（軍隊への民主的な統制）に資するという議論もありますが、これは本末転倒の議論です。憲法に違反する自衛隊を創設して、そのための法律をつくってきた人たちが、すなわち立憲主義を侵してきた人たちが、法律の規定を憲法に格上げしたからといって、憲法を守る保証はどこにもありません。「憲法違反」と烙印《らくいん》を押されてきたからこそ、勝手なことが許されなかった自衛隊に、憲法で「お墨つき」を与えてしまえば、むしろ堂々と勝手な振る舞いをするようになると見るほうが、現実的ではないでしょうか。

どんな憲法の条文も、それを政治に守らせるのは、国民の声と監視の力です。「自衛隊明記」論は、そうした国民の立憲主義的な力を正当に評価できない考え方なのです。


（小沢隆一）

Q13 実質改憲とは何ですか。9条の実質改憲にはどんな問題がありますか。

A

憲法も法である以上、その文言の変更=改正の必要が生ずる可能性は当然あります。それに備えて日本国憲法は96条で改正手続を規定しており、この憲法所定の改正手続に基づく文言の変更を明文改憲と呼びます。一方、憲法の文言は改正しないまま、憲法の合理的解釈に照らせば違憲となる行為が現実政治では有効なものとして通用し、明文改憲が行なわれたのと同様の事態が生ずることがあります。これを広義の実質改憲と呼びましょう。この実質改憲は本来違憲であり無効のはずですが（憲法98条1項）、そうした実態が定着すると、憲法自体と現実に通用する憲法秩序との乖離が生ずることになります。

もっとも、このような本来違憲無効の事態も、その推進側は自らの憲法解釈に照らせば合憲だと主張します。「戦力」保持を禁じる憲法9条2項の下、現に世界有数の軍事力である自衛隊が存在していますが、歴代政府は、憲法の文言には登場しない「国家固有の自衛権」に基づき、「戦力」に至らない「自衛のための必要最小限度の実力」の保有は合憲だとしてきました。この政府解釈の合理性は疑わしく、「解釈」を通して合憲と装ってはいても、正規の憲法改正手続を潜脱《せんだつ》して実質改憲を進める「解釈改憲」だと批判されてきました。

ところが、2010年代以降「解釈改憲」すら超える事態が進行しています。2014年7

月に第2次安倍晋三内閣は政府解釈を変更して、従来違憲としてきた集団的自衛権行使を容認しました。政府はこの新解釈と従来の政府解釈との整合性は保たれていると強弁していますが、法的安定性を害し、憲法に基づき政治部門を拘束する立憲主義をないがしろにするものだと強く批判されています。さらに２０２２年12月に岸田文雄内閣が策定した安保3文書は、反撃能力の保有や5年間での防衛費倍増など防衛力の抜本的強化を盛り込みました。これは「戦後の安全保障政策を大きく転換するもの」（岸田首相）であり、「専守防衛」など従来の政府解釈との整合性も厳しく問われるものですが、「憲法及び国際法の範囲内で」との一言で済ませています。このようにもはや「解釈」による正当化すらせずに進められる軍事力の拡大は、憲法を完全に無視して違憲の実態を拡張する狭義の実質改憲と呼ぶべきものです。
従来の「解釈改憲」は、ともかくも憲法の「解釈」を示し、本来あるべき解釈に照らせば違憲の実態を構築する一方、その「解釈」に基づく一定の限界も設定してきました（２０１４年以前の政府解釈が個別的自衛権行使を認めつつ、集団的自衛権行使は認められないとしてきたのはその例です）。しかし、狭義の実質改憲は、「解釈」で取り繕《つくろ》おうとすらせずに違憲の実態をさらに推し進めて立憲主義を空洞化し、憲法に対する国民の信頼も損なわせるもので、「解釈改憲」よりいっそう悪質です。実質改憲の進行を食い止め、立憲主義の回復に向けた取り組みが求められています。

（塚田哲之）

Q14 「自衛隊と米軍との一体化」という言葉を聞きますが、どういう意味ですか。

A

戦後日本の安全保障政策は、一貫して米国の意向に依拠してきました。日米安全保障条約は、1960年以来改定されていませんが、「日米防衛協力のための指針」等により、日米安保体制は強化されています。2013年12月、安倍晋三政権下で「国家安全保障戦略」が閣議決定され、「積極的平和主義」なるスローガンが掲げられました。これは、「軍事による平和」を意味し、日米軍事連携を強化することが日本の安全保障に資するという発想です。憲法9条は、戦争と武力による威嚇、武力の行使を放棄し、戦力を保持しないとしています。そのため、自衛隊を合憲とする政府ですら、自国に対する武力攻撃がないにもかかわらず、他国への攻撃を自らの安全に対する脅威とみなして軍事行動をとる、いわゆる集団的自衛権は憲法上許されない、としてきたのです。ところが安倍政権は2014年7月、「積極的平和主義」の下、これまでの政府の9条解釈を変更して集団的自衛権の行使に道を開き、2015年9月にはそれを法的に可能にする安保関連法を成立させました。米軍が軍事行動を始めたら、自衛隊は武力行使できるようになったのです。

2022年12月、岸田文雄政権は、「国家安全保障戦略」など3つの文書（安保3文書）を閣議決定しました。ここでの認識は、米国を中心とした世界秩序に対する中国の挑戦がわが国を厳しく複雑な安全保障環境に置いているというものです。そのうえで、第一に反撃能力（敵基地攻撃能力）を保有し、集団的自衛権の行使としても用いることができるようにする、第二に２０２７年度には防衛力の予算水準をＧＤＰの２％に達するようにする、第三に防衛産業を強化し武器輸出を進める、というのです。

２０２４年４月、岸田首相とバイデン米大統領は首脳会談を行ない、共同声明を発表しました。「日米同盟は前例のない高みに到達した」と述べるこの声明には、「二国間でそれぞれの指揮統制の枠組みを向上させる」とあります。２０２４年５月、岸田政権は、陸海空自衛隊を一元的に指揮する「統合作戦司令部」を創設するため防衛省設置法を改定しました。米軍の側も在日米軍の統合本部を設置する予定で、自衛隊と米軍との指揮統制の統合、すなわち現場での一体化がめざされています。しかしその実質は、情報や装備において圧倒的に優越する米軍の指揮下に自衛隊が入るということです。これが、自衛隊と米軍の一体化の完成形です。事実、「日米共同情報分析組織」を通じて日米間での情報の分析・共有がなされていますし、日米間の共同演習は頻度と規模を年々拡大させています。

軍事は、国家にとって重大問題であり、日本は憲法９条でそれを否定したのです。ところが現実は、米国の軍事体制下に組み込まれ、米国の戦争で日本列島が戦場と化し、日本国民が動員されかねないのです。日本政府は、この国の主権を手放すのでしょうか。「日米関係の新たな黄金時代を追求する」（２０２５年２月、日米首脳共同声明）などと喜べることではありません。

（奥野恒久）

Q15 全国で自衛隊の基地や施設が次々とつくられています。米軍基地も強化されています。また日本はたくさんの兵器を買い揃えています。それはなぜですか。

A

今、自衛隊のミサイル基地の設置が南西諸島において急ピッチに進んでいます（いわゆる「南西シフト」）。九州の南から台湾の北東に至る約1200km の間に島々が弓なりに連なるこのエリアは「琉球弧」と呼ばれることもありますが、そこに配備されるミサイル部隊は、さながら弓につがえられた不気味な矢を彷彿とさせます。

そもそも南西諸島に自衛隊基地が重点的に配備されることになったのは、2010年12月に民主党政権下で発表された「防衛計画の大綱」で中国を念頭に、自衛隊配備の空白地域となっている島嶼《とうしょ》部の防衛力強化が明記されたことに始まります。この流れを受け2016年3月に与那国島に陸上自衛隊基地と沿岸監視隊が設置・配備されたことを皮切りに、2019年3月には奄美大島と宮古島に、2023年3月には石垣島にも陸上自衛隊基地とミサイル部隊などが設置・配備されてきました。奄美大島、石垣島、宮古島では今後、射程を1000kmにまで延伸した長射程ミサイル12式地対艦誘導弾の配備がもくろまれていますが、これはまさに「敵基地攻撃」を可能にするための備えです。

またこれらの動きと並んで、政府はアメリカから400発のトマホークをはじめとするさまざまなミサイル兵器を購入しており、さらには在日米軍司令部の機能強化も着々と進んでいます。

果たしてこれらのねらいとは何でしょうか。これについて理解するためには、まず現在のアメリカのインド太平洋戦略というフィルターを通じて、これらの動きを見ておく必要があります。言うまでもなくインド太平洋地域におけるアメリカの最大の関心事は、覇権主義を強める中国に対して対中包囲網を強化していくことです。しかし諸外国での対テロ戦争で経済的に疲弊したアメリカには、もはや単独でそれを達成する余力はありません。そこで重要となるのが、日本をはじめとする同盟国の存在です。つまりそこには、アメリカが対中包囲網を強化するにあたり、日本などに対して軍事的・経済的負担を肩代わりさせようという本音と思惑が横たわっているのです。換言すればこのことは、日本の自衛隊が米中対立構造に組み込まれる形で、アメリカの先兵として行動することになることを意味します。しかも実力・情報量ともにはるかにアメリカに劣る日本としては、アメリカの事実上の指揮下に置かれることになるのではないでしょうか。その場合、自衛隊による「敵基地攻撃」は決して日本の安全保障のためにではなく、アメリカの軍事戦略の一環として遂行されるということになるでしょう。

こうしたアメリカの軍事戦略に呼応した日本の軍拡の動きは、それが持つ本質を周到に覆い隠したまま、市民の不安に便乗して憲法9条の形骸化をますます推し進める動力になるかもしれません。

（三宅裕一郎）

Q16 外国から攻められたらどうするのですか。今のままでは無力ではないですか。

A

この問いに対して、「軍事力を強化して安全を保障する」というのは、適切な回答と言えるでしょうか。

中国、朝鮮民主主義人民共和国（以下「共和国」とします）、ロシアの3カ国が軍事的な脅威として語られます。しかし軍事力を強化して、これらの国との戦争に備えるという選択は適切でしょうか？　これらの国々はいずれも核兵器を保有しています。いま中国は約500発、共和国は約50発、ロシアは5000発以上の核弾頭を保有すると言われます。ロシアは広島型原爆の2000倍もの威力がある核兵器を実践配備しています。こうした国から武力で攻撃されたら日本を守れないのが現実です。「外国から攻められたらどうするか」という問いに、「軍事力を強化して安全を保障する」と考えるのは適切ではありません。そもそも日本政府は、これらの国が日本に侵攻すると思っているのでしょうか。だとすれば、日本海側に多くの原発を稼働させるのは支離滅裂です。

にもかかわらず、歴代日本政府は軍事力を強化してきました。安倍政権は、日本が攻撃されてもいないのに世界中での武力行使を可能にする安保法制を制定し（2015年）、日米軍事協力を「深化」させました。岸田政権は、国家安全保障戦略など安保3文書を閣議決定しました

(2022年)。安保3文書には、日本に対する攻撃がない段階でも、日本の存立が根底から覆《くつがえ》される明確な危険があると政府が判断したとき、相手国のミサイル発射施設等を攻撃する敵地攻撃能力(安保3文書の用語では「反撃能力」)の保有と行使が明記されました。また、戦争を長く続けるための「継戦能力」を持つことも謳われました。

安保3文書は、戦争をするためでなく、日本への攻撃を思いとどまらせる「抑止力」のためだと岸田政権は主張します。しかし中国も共和国もロシアも、安保3文書に対して「日本の新たな侵略路線」「アジア太平洋地域の緊張を高める」と反発し、対抗措置をとることを明言しています。安保3文書は「抑止力」を高めるどころか、近隣諸国の警戒感を高め、これら諸国が軍拡を進める格好の口実となっています。このまま対立が進めば、南シナ海や台湾海峡における軍事的衝突へとつながりかねないおそれも否定できません。そこで起きる戦争は、言語に絶する悲惨な事態をもたらす危険性があります。絶対に戦争にならないよう、平時からの平和創造のための外交や経済的結びつき等を強める「国際協調主義」(憲法前文等)が私たちの安全を守るために必要です。政治的・経済的対立を、法に基づき、平和的に解決する道を、日本が真剣に追求することが必要です。

(飯島滋明)

Q17 緊急事態条項とは何ですか。それが憲法にないと困るのですか。

A

戦争や内乱、大規模な自然災害などが起こり、平時の統治機構では対処できない場合に、国が、人権保障や権力分立という立憲主義の基本原理に則《のっと》った統治を一時的に停止し、非常措置をとることがあります。こうした措置をとる国の権限を国家緊急権と呼びます。それを憲法に書き込んだものが緊急事態条項です。緊急事態条項が発動されると、執行部門に権力が集中され、さまざまな実体的・手続的権利が制約されるのが通例です。こんにち、緊急事態条項を備えた憲法典を持つ国は少なくありません。

日本にもかつては緊急事態条項が存在しました。大日本帝国憲法には戦争・事変の際に宣告される戒厳（14条）や天皇の非常大権（31条）の定めがありましたし、また、戦時に限らず、「公共ノ安全」の保持または「其ノ災厄」を避けるために「緊急ノ必要」があるとき、帝国議会が閉会している場合には、天皇が法律の代わりとなる命令（緊急勅令）を発することができるとする規定（8条1項）もありました。大日本帝国憲法下では、この緊急勅令が、緊急時に勅令による財政処分を認める緊急財政処分（70条）とあわせて100件以上発令されました。治安維持法を改定し、国体変革を目的とする結社の組織・加入の最高刑を死刑に引き上げた勅令（昭和3（1928）年6月29日勅令129号）もその一つです。

９条の下で戦争を放棄し、非武装平和主義を採用した日本国憲法には、戦時を想定した戒厳の規定は当然ありません。のみならず、緊急事態条項も盛り込まれませんでした。日本国憲法の制定過程において、政府は、緊急事態条項を採用するか否かを行政の「便利ヲ尊ブカ或イハ民主政治ノ根本原則ヲ尊重スルカ」の分かれ目だとしたうえで、「民主政治ヲ徹底サセテ国民ノ権利ヲ十分擁護」するため、そうした場合に「政府一存ニ於テ行ヒマスル処置ハ、極力之ヲ防止シナケレバナラヌ」と考えたと説明しました（第90帝国議会・衆議院帝国憲法改正案委員会議録第3回34頁、同第13回２４０頁）。

これは、緊急事態条項の危険性を熟知しているからこその選択です。一時的とはいえ憲法の基本原理からの逸脱を認めることは憲法の自己否定であることは否めず、また、一時的のつもりで始めた措置が長期化することもしばしばあります。緊急事態条項を安全に運用することはきわめて困難で、結局「憲法の自殺」につながると言われるゆえんです。

緊急事態条項がなくとも、法律によって、個別具体的に、緊急に対処が必要な場合に通常求められる手続を緩和したり、行政がとりうる措置の範囲を広げたりすることは十分に可能ですし、現に行なわれています。１９６１年に制定された災害対策基本法もそうですし、原子力緊急事態について定めを置いている原子力災害特別措置法もその一つです。そして、そのほうが、あらかじめさまざまな工夫が施せるため、執行部門に抽象的で包括的な権限を付与する緊急事態条項より有効でもあります。求められる災害への備えとは、何よりも過去の経験に学び、迅速に対処するための仕組みを法律等で具体的に定めておくことでしょう。

（大河内美紀）

Q18 自民党は緊急事態について憲法をどのように変えようとしていますか。

A

自民党は、緊急事態条項について、2018年に次のような改憲案を提示しています。
A.「64条の2　大地震その他の異常かつ大規模な災害により、衆議院議員の総選挙又は参議院議員の通常選挙の適正な実施が困難であると認めるときは、国会は、法律で定めるところにより、各議院の出席議員の3分の2以上の多数で、その任期の特例を定めることができる。」
B.「73条の2　大地震その他の異常かつ大規模な災害により、国会による法律の制定を待ついとまがないと認める特別の事情があるときは、内閣は、法律で定めるところにより、国民の生命、身体及び財産を保護するため、政令を制定することができる。
2　内閣は、前項の政令を制定したときは、法律で定めるところにより、速やかに国会の承認を求めなければならない。」
Aは大規模災害時の国会議員の任期延長、Bは大規模災害時の内閣の緊急政令の制定権を定めたものです。

しかし、①「災害」には武力攻撃災害も含みうる可能性があり、法律に基づかない軍事目的のための人権制限が合法化される危険があること、②議員任期の延長に上限がなく、いくらでも延長できる可能性があること、③内閣が「国会による法律の制定を待ついとまがないと認める特別の事情がある」と判断したときには、たとえ国会開会中でも緊急政令が制定できること、④緊急政令の効果について、（旧憲法下の緊急勅令と同様に）法律と同一の効力を持った政令を制定することも否定されておらず、緊急政令によって既存の法律を改廃することも可能となり、たとえば現行法律上では許されないような刑事手続（令状なき逮捕など）や行政処分（土地収用など）なども合法となりかねないこと、⑤緊急政令につき、国会が承認しなかった場合の効果についての規定（将来無効等）がないことなど多くの問題をはらみます。

なお、２０２４年の地方自治法改正により、「大規模な災害、感染症のまん延その他その及ぼす被害の程度においてこれらに類する国民の安全に重大な影響を及ぼす事態……が発生し、又は発生するおそれがある場合」における特例の制度として、各大臣が都道府県や市町村に必要な指示（いわゆる「補充的指示」）をすることができる旨が盛り込まれました。

これについては、①大規模災害、感染症のまん延だけではなく「その他」も含む広範なものであること、②自治事務にも及ぶこと、③閣議決定のみで指示が可能で濫用の危険性があること（国会へは事後報告のみ）、④現場から遠い国が正しい判断をするとは限らず誤りを犯すことも多いこと、⑤むしろ災害等の際に必要なのは国の指示ではなく人員・予算・物資等の支援であることなどの多くの問題が指摘されました。

こうした法整備は、国家権力の濫用の危険性が大きく、緊急事態を理由とした人権や地方自治権の制限・空洞化をもたらしうる点で、すでに改憲を先取りした事態（実質改憲）が進んでいるという批判もあります。

（河上暁弘）

Q19 現行憲法では、災害時の対処が十分に対処できないから、改憲が必要だと聞きました。

A

「災害に対処するため」は、緊急事態条項の導入を求める改憲論の「スローガン」になっています。

この間の憲法審査会の論議でも、「首都直下型の大地震や南海トラフ地震などはいつ起きてもおかしくない」「関東大震災は十数本の緊急勅令を出して乗り切った」など、災害を言い立てての導入論が続きました。

緊急事態条項が戦争態勢の構築や反対勢力の排除に使われることは、ヴァイマール憲法（ドイツ）の非常事態権限による全権委任法強行や、大日本帝国憲法下の緊急勅令による治安維持法改正強行などの実例からも明らかです。

にもかかわらず、「災害への対処」が強調されるところに、災害への不安に乗じて改憲への道を開こうとする意図が透けて見えます。

「地震大国」の日本では、阪神・淡路大震災、東日本大震災、熊本地震、能登地震など深刻な被害をもたらす自然災害が続いており、対処のために災害対策基本法を頂点にした災害法制が整備され、災害の経験をふまえて拡充されつづけています。

その災害法制には、以下のように、私権の制限を伴う緊急対処が組み込まれています。

a　災害応急対策（災害対策基本法）
土地・工作物の一時使用や従事命令・協力命令・保管命令など（自治体の長による）
b　災害救助法
災害救助のための不動産・物資の使用、物資の保管命令・収用など（知事による）
c　災害緊急事態（災害対策基本法）
「異常かつ激甚」で災害緊急事態の布告（内閣総理大臣。国会の事後承認）
政令での生活必需物資の譲渡制限、価格統制、支払延期など
関東大震災の際の緊急勅令のほとんどは私権を制限する経済面・金融面のもので、その内容は災害法制の緊急対処に組み込まれています。弾圧や虐殺を生んだ戒厳令や治安維持令（流言浮説取締令）が組み込まれていないのは当然です。
この間の震災などで混乱や対処の遅れが指摘されることがありますが、事前の対策の不十分さや地方自治体の人員や予算の不足によるもので、災害法制の不備が原因ではありません。
「国家の存亡に関わる大災害」が言われることがありますが、そうした災害が発生した事実はなく、発生の予測もありません。「日本沈没」のようなＳＦ的な事態を言い立てることは、いたずらに不安を煽ることにしかなりません。
避けることができない自然災害への対処に必要なものは、災害法制のいっそうの整備と、対処にあたる地方自治体の人的資源や財政力の拡充であって、政府に独裁的権限を与える緊急事態条項ではありません。
（田中 隆）

Q20 緊急事態に国会議員選挙ができなければ、改憲によって備える必要があるのではないでしょうか。

A

現在の明文改憲論の一つの焦点は、各種の緊急事態により国会議員選挙が実施困難な場合の議員任期延長です。２０１８年３月の自民党「改憲４項目」は大地震その他の異常かつ大規模な災害時の議員任期特例を含み、２０２３年３月の３党派（維新、国民民主、有志の会）憲法改正原案は、自然災害に加えて外部からの武力攻撃、内乱、感染症のまん延などの緊急事態により選挙の一体性が害されるほどの広範な地域で国会議員選挙の適正な実施が70日を超えて困難であるとき（選挙困難事態）に最大６カ月の議員任期延長（再延長可）を盛り込みました。公明党を加えた衆議院憲法審査会の５会派はすでに条文化の方向で一致しています。

この任期延長案は「緊急事態においてこそ、国会機能（立法機能・行政監視機能等）の確保が重要」（３党派）など一見もっともらしい理由を挙げます。しかし、憲法が国会議員の任期を衆議院は最長４年（45条）、参議院は６年で３年ごとに半数改選（46条）としたのは、国民主権原理と議会制民主主義（前文・１条・41条・43条）に基づき、一定周期で主権者国民が選挙権を行使して代表者を選出する機会を設け、国民の意思を適切に国会に反映させるためです（15条・43条）。そうすると任期延長は、本来実施されるべき選挙を停止し、「議会制民主主義の根幹をなす」選挙権（最大判１９７６年４月14日・最大判２００５年９月14日参照）の実質的制限ともなる以上、議会制民主主義の正統性を揺るがすものです。

そもそも選挙の一体性が害されるほど広範な地域での選挙困難事態の発生自体、現実味の乏しい想定です。一部地域で選挙実施が困難であれば繰延投票（公選法57条）で対応可能です。参議院の半数が不在でも臨時会（憲法53条）を開催できますし（定足数と議決要件も満たします［56条］）、衆議院解散時は参議院の緊急集会（54条2項ただし書・3項）で対応できます（衆議院議員任期満了時やダブル選挙時も同様です）。これらに加えて任期延長を導入する必要性は乏しいものです。

それでも、議員の相当数が欠けた状況よりは、任期延長してでも議員が揃った国会のほうがよいと思われるかもしれません。しかし、任期延長後の国会は正規の選挙を経た国会とは性質の異なる特殊な国家機関となります（3党派案は解散や任期満了で身分を失った元議員が復活するゾンビ議員も認めています）。このように国民の意思から離れた国会・内閣が居座って平時と異なる措置をとれば、緊急事態の恒常化と憲法に基づく秩序の大きな改変につながります。こうして見ると緊急事態時にも国会機能を維持するためという任期延長は、実際には憲法による拘束から逃れる国家緊急権の導入にほかなりません。

日本国憲法が国家緊急権を規定せず、参議院の緊急集会のみ認めたのは、かつて戦時中の1941年に衆議院議員の任期が1年延長され、戦時体制構築の役割を果たした歴史をふまえています。「危機」を名目として立憲主義・議会制民主主義の例外を設けることには最大限の警戒が必要です。

（塚田哲之）

Q21 諸外国では、国家緊急権はどう運用されてきましたか。

A

権力者は緊急事態や非常事態を口実にして、自分たちの地位を強化するために国家緊急権を悪用してきました。ドイツでは、ヒトラー率いるナチスが自らの地位を強化するため、政敵などを排除する手段として、国家緊急権（ヴァイマール憲法48条）を使いました。1933年1月、ヒトラーは首相になると同条項を行使し、社会民主党員・共産党員・労働組合幹部たち約10万人を拘束しました。また実際に発動されませんでしたが、フランスでも1967年や1978年の総選挙に際して、仮に大統領の反対党が勝利したら、緊急権を発動すること（第5共和制憲法16条）が主張されました。

また国家緊急権の発動により、正当性なく自由や権利が蹂躙《じゅうりん》されてきました。1933年2月、ヒトラーの側近であったゲーリングは、共産主義者に容赦なく武器を使用することを警察官に命じました（いわゆる「射撃命令」）。その法的根拠は48条を根拠とする2月4日の大統領命令でした。この命令に基づき、共産党や社会民主党の機関紙、ナチスと良好な関係にあった中央党系の新聞でさえも「公共の安全に対する重大な障害を生じさせるおそれがある」として発禁処分になりました。フランスでは、アルジェリア内戦のときに国家緊急権（第5共和制憲法16条）が発動され、少なくとも48人が警察に残虐な方法で殺害されました（1961年）。

大日本帝国憲法下の日本ではどうだったでしょう。関東大震災（１９２３年）のときは、憲法8条および戒厳令に基づいて戒厳（行政戒厳）が発せられました。これによって出動した軍隊が、朝鮮人や中国人の虐殺に関わりました。１９２８年には、同8条に基づいて、天皇の緊急命令により治安維持法が改正され、「目的遂行罪」が導入されると同時に最高刑が死刑に引き上げられました。こうした歴史をふまえて、日本国憲法には緊急権規定が設けられませんでした（Q17を参照）。

国家緊急権の悪用は最近でも起きています。２０２４年12月3日、韓国の尹錫悦《ユンソンニョル》大統領は、来年度の予算に野党が合意しないことなどを理由に挙げて、突如、非常戒厳を発動しました。戒厳司令部は、国民の自由を制限するにとどまらず、国会・地方議会や政党の政治活動を一切禁止し、メディアも統制下に置くといった告令を出しました。これは憲法（77条）や戒厳法が認める権限の範囲を超えた権力行使でした。

ドイツやフランスのような国家緊急権の悪用という負の歴史を持つ国々は、国家緊急権の行使に対して慎重な姿勢をとっています。２０２０年の新型コロナ感染拡大のときも、いくつかの国は緊急権を行使しましたが、ドイツやフランスは憲法（ドイツでは基本法）の国家緊急権を発動せず、代わりに通常の法令で対処しました。


（飯島滋明）

Q22 日本を守るため、他国以上に強力な武力を持つ必要がありませんか。

A

２０２２年に岸田政権が閣議決定した安保3文書では、朝鮮・中国・ロシアを事実上の脅威であるかのように扱い、政府は「反撃能力」(敵地攻撃能力)で対抗しようとしています。この考えの根底には抑止力論があります。『防衛白書』では、「抑止力」を「他の国に対し侵略を思いとどまらせる力のこと」「必要な防衛力を持つことで、自国への侵略はできないと他国に理解させ、侵略を思いとどまらせること」と説明しています。

しかし、朝鮮の移動式ミサイル発射機は約２００基あるとされていますが、日本もこれ以上のミサイルを保有するのでしょうか。２０１６年度から２０２２年度まで、防衛費(当初予算)は5兆円台でしたが、２０２３年度が6・8兆円、２０２４年度が7・9兆円、２０２５年度が8・7兆円と急激に増えており、２０２７年度には防衛費をGDP比2%にすることで約11兆円になりそうです。どこまで増やすのでしょうか。朝鮮・中国・ロシアは核保有国ですが、日本も核兵器を持つのでしょうか。米ソ冷戦下で、アメリカとソ連が核兵器の保有量を増やしていきましたが、相手に対抗して兵器を持とうとすれば、きりがないのではないでしょうか。

また、防衛力を備えれば他国から攻められないのでしょうか。２０２２年に総兵力約21万人のウクライナはロシアに侵略されました。核兵器も保有する軍事大国のイスラエルは、ハマスの攻撃を受けました。戦争は領土問題や民族間対立など何らかの要因があって起きるものです。そうであれば、その要因を除去すればいいのではないでしょうか。

「自衛隊がなければ他国から攻められるのではないか」「不安だ」という声をよく聞きます。しかし、アンドラ、クック諸島、コスタリカ、ドミニカ、グレナダ、アイスランド、キリバス、リヒテンシュタイン、マーシャル諸島、モーリシャス、ミクロネシア、モナコ、ナウル、ニウエ、パラオ、パナマ、サモア、サンマリノ、ソロモン諸島、セントキッツ・ネービス、セントルシア、セントヴィンセント・グレナディンズ、トゥバル、ヴァヌアツ、ヴァチカン、ルクセンブルクといった26の国には軍隊がありません。これらの国に軍隊がないことで、今、どこかの国から攻められていますか。攻められないための外交努力をしているのではないのですか。軍隊がなければ攻められる、というのは空想です。

日本国憲法は9条2項で、「陸海空軍その他の戦力は、これを保持しない」と規定しています。前文では、「日本国民は、恒久の平和を念願し、人間相互の関係を支配する崇高な理想を深く自覚するのであつて、平和を愛する諸国民の公正と信義に信頼して、われらの安全と生存を保持しようと決意した」と謳っています。抑止力論は、国家対国家の力関係だけに目を向けた議論であり、国家を構成する国民を見ない人命軽視の議論です。憲法の考えは、やはり諸国民の信頼を基本とした、武力によらない平和の追求です。具体的には、他国を脅威とみなして軍備の拡大をするのではなく、戦争が起きないように日常的な平和外交が求められるのではないでしょうか。


（清水雅彦）

Q23 平和に暮らすことと「人権」はどう関わっているのですか。

A

日本国憲法には、「基本的人権の尊重」、「国民（人民）主権」、「平和主義」という基本原理があります。これらは密接不可分な関係にあり、相互に補完しあいながら憲法の柱を形成しています。グローバルな視点から見ると、「世界人権宣言」（1948年12月国連総会採択）が冒頭で、「人類社会のすべての構成員の固有の尊厳及び平等で不可侵の権利を認めることは、世界における自由、正義及び平和の基礎となる」と述べているように、諸々の自由や権利は平和を支える土台になります。この考え方は、社会権規約と自由権規約から成る「国際人権規約」（1966年12月国連総会採択）に踏襲《とうしゅう》されています。

憲法では5カ所で「平和」が使われていますが、その定義はなされていません。しかし、前文2段落には平和をおびやかす要素として、「専制と隷従」、「圧迫と偏狭」、「恐怖と欠乏」が明記されています。各要素を示す具体的な形態はさまざまです。市民を抑圧する独裁政権や戦争のように、暴力をふるう主体が明白な直接的暴力もあれば、強者を利する仕組みや社会規範等が生み出す各種の差別や貧困のような構造的暴力もあります。こう考えると、憲法上の平和は、人権侵害と結びついた諸要素の根絶を前提とするものであることがわかります。

さて、先述の「恐怖と欠乏」は、同じく前文2段落の「平和のうちに生存する権利」（平和的生存権）の鍵となる要素です。日本を含む全世界の国民（人民）が平和的生存権の対象と位置づけられています。平和は状態だけを指すのではありません。権利性が付与されていると解することが肝要です。自衛隊のイラク派兵差止等請求控訴事件名古屋高裁判決（２００８年４月17日）は、平和的生存権を「全ての基本的人権の基礎にあってその享有を可能ならしめる基底的権利」と位置づけました。また、「国連平和への権利宣言」（２０１６年12月国連総会採択）は、あらゆる人権の促進と保護等を前提にすべての人の平和を享受する権利を掲げています（1条）。

全世界の人民の平和的生存権を謳う日本には、国内外で人権に基づく平和が実現するように努めることが求められます。にもかかわらず、政府は現在、多額の予算を投入しながら、軍事力に依拠した安全保障政策を推し進めています。これは「平和のため」と称しようとも、〈力による支配〉を是とするものです。他を押さえつけ強者であろうとするやり方だからです。こうした価値観が浸透すると、社会は好戦的になり、脆弱な立場にある人々を切り捨てることをいとわない風潮が広がるでしょう。

また、軍事力に依拠する国は総じて、自らの攻撃性を「自衛」のオブラートに包み、批判をかわそうとします。たとえば、イスラエルは、占領下に置くパレスチナ人を軍事力で押さえつけ、そのなかで生じる数多《あまた》の人権侵害を「自衛」として正当化してきました。ジェノサイドが強く疑われる、２０２３年10月からのガザ攻撃もしかりです。このように力による支配は、人権に基づく平和と相容れないものなのです。

（清末愛砂）

Q24 日本も核兵器を保有したほうがよいのではないですか。

A

日本の核政策の出発点とされる、1968年1月30日国会答弁での、佐藤栄作首相による日本の核の基本政策は、以下から成るものでした。

①非核3原則：「核兵器を作らない。持たない。持ち込ませない」
②核軍縮への努力：「核兵器の廃絶を念願し、実行可能なところから核軍縮に力を注ぐ」
③アメリカの「核の傘」への依存：「核の脅威に対しては、アメリカの核抑止力に依存する」
④核エネルギーの平和利用：「原子力の平和利用を推進する」

これは、被爆国・日本としての核兵器廃絶を願う立場と、現実の安全保障政策ではアメリカの核兵器に依存するという立場の二面性を示すものでした。

核兵器が「必要悪」であるという考え方は今日まで維持されています。核抑止とは、相手が受け入れがたいほどの強力な反撃が、自国の核兵器で行なわれるという恐怖を相手に与え、自国への軍事的敵対行動を相手に躊躇《ちゅうちょ》させるに十分な核兵器配備により、相手への報復を威嚇して攻撃を抑止するものです。日本でも核兵器を保有すべきという議論がありますが、核抑止の本質は核兵器の使用よりも威嚇にこそあるもので、憲法9条1項「武力による威嚇の放棄」に反するものとして許されません。

また、日本の核武装には決定的な困難性があると言われています。核弾頭搭載弾道ミサイル発射をめぐり、固定のロケット発射場から堂々と打ち上げるものに戦略的意義はなく、衛星から探知できず「どこから飛んでくるのかわからない」潜水艦発射弾道ミサイルの発射能力が核抑止では必要とされています。潜水艦といっても、長期間潜行ができず浮上機会の多い通常動力潜水艦ではなく、海水から真水や酸素も生成可能で、比較にならないほど長期間の潜行可能時間を持つ原子力潜水艦から発射される核戦略システムが不可欠とされています。しかし、日本は1974年の「原子力船むつ」事故以降、船舶動力用原子炉の開発が止まっており、外国から購入するといっても、軍事最高機密である潜水艦用原子炉の外国からの購入は難しいことから、日本の核武装は決定的に非現実的と言われています。

「核兵器全廃こそが、二度と使用されないことを実現する唯一の道」として、核兵器の保有・使用にとどまらず威嚇までも法的に禁止する核兵器禁止条約が2021年に発効しました。唯一の被爆国であるにもかかわらず、日本はこの条約への参加に至っていません。しかし、日本には、核兵器廃絶に向けた世界各国間の橋渡し役を果たすべき、倫理的責任があるとして、地方議会から日本政府に条約参加を求める意見書の採択が相次いでいます。

（麻生多聞）

Q25 経済・財政の軍事化とは何ですか。

A

近年、日本の経済や財政にまで、軍事化の荒波は押し寄せています。

2022年12月に閣議決定された「国家安全保障戦略」では、経済力が日本の平和で安定した安全保障環境を実現するための国力の一つと位置づけられ、日本が他国による経済的な脅威に対処するためのさまざまな措置を講じていくこと（経済安全保障）が、日本の「安全保障と経済成長の好循環」を実現させるという認識が示されました。また、同じく閣議決定された「防衛力装備計画」においても、2027年度までの5年間に軍事費を約43兆円まで増やすことが打ち出されています。

そしてこれと時を前後して、2022年5月には、半導体のような特定重要物資の安定的な供給やAIなどの先端技術の開発支援を政府が行なうことなどを内容とする経済安保推進法が、2023年6月には、新たに「防衛力強化資金」を創設して前述の軍事費をまかなおうという軍事財源確保法と、国が軍需産業による武器製造ラインの強化に対し費用負担を行なうことなどを内容とする軍需産業基盤強化法が成立しました。また2024年5月には、漏えいされた場合日本の安全保障に支障を与えるおそれのある情報を政府が「重要経済安保情報」に指定し、この情報を取り扱う民間労働者や研究者のプライバシーまで徹底的に調査する「適正評価」を行ない、漏えいがあった場合には重い罰則を科すことを内容とする重要経済安保情報保護法が成立しました。さらに2024年3月には、武器輸出の基本的なルールを定めた防衛装備移転3原則の運用指針が再改定され、ついには日本が他国と共同開発する殺傷能力を持つ最新鋭の次期戦闘機を第三国に輸出することも解禁されるまでに至っています。

これらの動きにはどのような問題が含まれているでしょうか。注意しておかなければならないのは、まず経済の軍事化は、憲法9条2項が禁じた「戦力」を盤石《ばんじゃく》に生産する軍需産業の保護と育成につながるということです。そしてこの背景には、日本をはじめとする同盟国を巻き込みながら、台頭する中国を包囲しようとするアメリカ軍事戦略の存在があり、その要となる「統合抑止」に同盟国の軍需産業を組み込もうというアメリカの強い思惑があります。それに加え、たとえば現在アメリカ側にとって需要が高まっている米艦船や航空機の「共同維持整備」に日本の軍需産業の技術者や労働者を協力させるということになれば、重要経済安保情報保護法にある「適正評価」のような仕組みは不可欠とも言われます。また財政の軍事化についても、それがなりふりかまわず推し進められるとなれば、私たちの社会保障や医療、子育て・教育などにかかる予算が真っ先に犠牲になることは火を見るより明らかでしょう。

今、私たちに求められているのは、経済・財政の軍事化から脱却して一人ひとりの人間としての暮らしを何より大切にする、まさに日本国憲法に立脚した経済・財政の平和化を、政治に対して強く訴えかけていくことではないでしょうか。

（三宅裕一郎）

Q26 「日米地位協定の改定」とは何ですか。日米安保条約があるのだから、在日米軍の地位を定めるのは当然ではないですか。

A

日米地位協定とは、日米安保条約6条が在日米軍による日本国内の施設・区域の使用を認めていることを受けて、在日米軍が日本国内でどのように活動するのかを定めたものです。そして日米安保条約は、日米がそれぞれ「日本国の施政の下にある領域における、いずれか一方に対する武力攻撃が、自国の平和及び安全を危うくするものであることを認め、自国の憲法上の規定及び手続に従つて共通の危険に対処するように行動する」（5条）ために締結されています。

「日米安保条約があるのだから、在日米軍の地位を定めるのは当然」というのは、ある意味その通りです。しかしこれは安保条約を金科玉条とする議論です。日米安保条約とは、日米の軍事同盟のための条約ですから、軍隊を保持することがありえない日本国憲法下でそもそも軍事同盟を締結してよいのか、ということ自体を問題にしなければならないでしょう。

そして実際にはこの日米安保条約と日米地位協定に基づいて、日本全土に米軍基地が置かれ、特に沖縄には集中的に置かれています。そして日米地位協定によって、在日米軍の地位は特権的なものとなっています。たとえば、在日米軍は日本中で異常な低空飛行を行なっていますが、これは日米地位協定の実施に伴って通常の航空規制が適用除外になっているからなのです。

最も象徴的なのは、２００４年に米軍の大型ヘリが沖縄国際大学構内に墜落した際、現場を米軍が制圧し、日本人を一切排除したことです。また、米兵が日本国内で犯罪を犯してもそれが公務中の場合には、米軍当局が第一次裁判権を持っており、他方、公務外の行為であっても、米軍基地内には日本の施政が及ばないので、基地内に逃げ込めば日本の警察当局は米軍の同意がないかぎり手出しはできません。沖縄では、米兵による性加害が続いてきましたが、これは女性の人権がないがしろにされてきた問題でもあります。また、現在ＰＦＡＳ汚染水が全国で問題になっていますが、東京では横田基地周辺に多く、基地が汚染源であることが指摘されています。ところが、日本が調査しようと思っても、立ち入ることが制限されているのです。

石破首相が自民党総裁選挙のときに掲げた日米地位協定の改定は、持論である対等な日米関係を追求するもののようです。しかし、ここで石破氏が言う「対等」とは、日米両軍が対等に軍事力を行使できるようにするというもので、就任後記者会見では、自衛隊の訓練基地などをアメリカに設けようとすると日米地位協定の改定が必要になる、と発言しました。これが、２０１５年の安保法制とそれを具体化した安保３文書の実践、すなわち日米両軍のよりシームレスな活動と無関係であるはずがなく、結局、石破首相の言う日米地位協定の改定とは、自衛隊を米軍とともにさらに世界中に展開することに道を開く方向性を持つものです。

日本の軍事化の道をさらに推し進める日米地位協定の改定ではなく、安保条約とともに廃棄するのが、憲法前文に則った対処の方法です。


（多田一路）

Q27 アジアの軍事的緊張の高まりが、日本では改憲と軍拡の理由にされています。アジアを平和な地域にするためには、どうしたらよいのでしょうか。

A

集団的自衛権の行使を容認した2015年の安保法制は、「安全保障環境の変化」を一つの口実にしていました。2022年のロシアのウクライナ侵略後は、「ウクライナは明日の東アジア」などと公然と語られ、「台湾有事」を想定した軍拡が進められています。

しかし、東アジアでの「緊張」は、いったい何によってもたらされているのでしょうか。その原因や、起こりうる軍事紛争とはどのようなものかを見定める必要があります。「疑心暗鬼」は、災害対処の場合と同じように、何の役にも立ちません。

1990年代に北朝鮮が核開発を始めた頃から「北朝鮮の脅威」論が流布されてきました。確かに北朝鮮の3代にわたる金政権は、拉致問題、テロ事件、核・ミサイル開発など、無法で危険な動きを繰り返してきましたが、その背景には、悲惨な朝鮮戦争をからくも「休戦」にこぎつけた後でも南北の緊張の下で「先軍政治」を続けた国家建設の失敗と、ソ連崩壊による後ろ盾の喪失などがあります。一人あたりのGDPが日本を上回った韓国に圧倒的な差をつけられ、アメリカとの間で軍事力に雲泥の差がある北朝鮮が、先制攻撃に出ても戦争に勝利する見込みはありません。経済的にいかに苦しくても核ミサイル開発を急ぎ、「先軍政治」路線に固執するのは、アメリカに軍事的に押しつぶされないための「交渉カード」が欲しいからです。

２０００年代になって経済的な台頭著しい中国が推し進める軍拡は、核兵器の急速な蓄積や高性能のミサイル開発など、従来にはなかった危険な動きですが、それは世界大でのアメリカとの対抗、競争関係を激化させるなかで生じているものです。まずは、そうしたアメリカとの対抗、対立関係を緩和するのでなければ、中国の軍拡の抑制は期待できません。

以上のことから、東アジアにおける「安全保障環境の変化」なるものは、アメリカを含むこの地域における「多国間」で生じているのであって、北朝鮮や中国が、特別に日本を「狙い撃ち」にする形で起きているものではありません。日本としては、自らの「防衛力の強化」と称して軍拡や９条改憲に走ることが、かえってアメリカの軍事戦略に乗って、地域の安全保障環境の悪化を進めてしまうことを懸念すべきです。

アジアでの軍事的緊張を解き、平和な地域とするためには、平和主義的な外交を推進することが、何よりも大事です。その外交を国民世論が力強く支持するならば、政治はむやみと軍拡や戦争に走ることはできません。それは、韓国の尹錫悦《ユンソンニョル》大統領による非常戒厳令の企《たくら》みを民衆が非暴力の抵抗により阻止したことが見事に証明しています。中台関係も平和を求める民衆の力が決め手です。東アジアでの平和的な外交には、北朝鮮に関する「６カ国協議」や日朝平壌宣言、日中友好条約、共同宣言などの過去の実績も役に立つはずです。そして将来的には、軍事同盟や軍事ブロックに頼らない東アジアの平和を実現すべきです。それは日本国憲法の前文や９条がめざす平和主義の理念に合致するものです。日本の果たすべき役割はきわめて大きいのです。

（小沢隆一）

Q28 憲法と平和を守るため、私たちは何をしたらよいでしょうか。

A 国家（為政者）は憲法に縛られることを嫌い、しばしばその拘束から逃れようとします。そのような憲法からの逸脱、憲法の破壊は、現代日本の場合、主として9条平和主義をめぐる実質改憲（平和に反する立法や行政を実行すること）および明文改憲の策動（憲法に軍隊の保有などを明記すること）という2つの形をとってきました。

国家が憲法から逸脱することを防ぐため、憲法自身が、公務員の違法・違憲行為から生じた損害を国が賠償する責任（17条）、司法権の独立（76条）と違憲の国家行為を無効にする違憲審査制（81条）、厳格な改憲手続（96条）、公務員に課される憲法尊重擁護義務（99条）、それに憲法の最高法規性（98条1項）などを規定しています。「憲法に緊急事態条項を置かない」という憲法制定時の選択にも、これと同じ意味があります。

しかし憲法の拘束に実効性を持たせるには、これらの条文を持つだけではなく、それに加えて国民の能動的な力の発揮が欠かせません。「この憲法が国民に保障する自由及び権利は、国民の不断の努力によって、これを保持しなければならない」（12条）、「基本的人権は、人類の多年にわたる自由獲得の努力の成果であって」（97条）の箇所は、いずれも人権を支えるうえで、私たちの努力が欠かせないということを訴えています。

同じように、平和主義を守り発展させるにも、意志と努力が必要です。前文には、政府の行為によって再び戦争の惨禍が起ることのないようにするという「決意」が、また9条1項には、正義と秩序を基調とする国際平和に対する誠実な「希求」が示されています。このような市民の平和的決意・希求をベースにして、平和的生存権・戦争放棄・戦力不保持・交戦権否認・国際協調主義が本当に成立すると言えます。

このような関係は、国際法の領域にもあることを指摘しましょう。第一次世界大戦後の1928年、日本を含む主要国はパリ不戦条約を締結しました。その第1条は「各自ノ人民ノ名ニ於テ」戦争の放棄を宣言しています。また第二次大戦直後につくられたユネスコ憲章は、「戦争は人の心の中で生れるものであるから、人の心の中に平和のとりでを築かなければならない」という有名な一節で始まります。

私たちはこれまでさまざまな局面で、軍事主義的な政治に抵抗してきました。憲法9条の明文改憲を阻止してきたこと、違憲の政治を裁判のなかで排除してきたこと（砂川事件地裁判決、長沼訴訟地裁判決、イラク派遣訴訟高裁判決など）など、一定の成果もありました。さらに平和主義の理念に沿った立法・行政（外交や税財政も含まれます）・地方政治を国家に強要すること、すなわち憲法を政治のなかで活かすことも、私たちの双肩にかかっているのです。


（永山茂樹）

おわりに

憲法は、私たちの自由と人権を守るために国家権力を制限しています。

その憲法が、今、危機に瀕しています。政府は、憲法を無視した政治の既成事実を積み上げ、あるいは、憲法を改正して、憲法9条の縛りを解こうとしています。安倍政権は、憲法9条に違反する閣議決定を行ない、国民の反対を数の力でねじ伏せて、戦争法（安保法制）により集団的自衛権を解禁しました。岸田政権は、安保3文書改定の閣議決定により、専守防衛を転換し、敵国を攻撃できる兵器の保有に踏み切りました。違憲の国家行為が積み重なり、9条の規範力が弱められ、中国を敵とする戦争の準備が驚くスピードで進められています。

憲法は、個人の尊厳を最高の価値と定めます。戦争と個人の尊厳は水と油の関係にあります。戦争は、個人の尊厳を根こそぎ奪い、究極の人権侵害を引き起こします。だからこそ憲法は、アジア太平洋戦争の反省をふまえ、戦争は永久に放棄し、戦力は持たないと規定しました。

9条に再び息を吹き込み、その規範力を取り戻し、権力の横暴を制して政府の行為によって再び戦争の惨禍を繰り返さないようにできるかは、私たち一人ひとりの主権者の自覚的な努力にかかっています。このブックレットがそのための一助となることを、執筆者一同願ってやみません。


（大江京子）

執筆者（執筆順、＊は編者）

南 典男＊（みなみ・のりお） 弁護士
永山茂樹＊（ながやま・しげき） 東海大学教授
大野友也（おおの・ともや） 愛知大学教授
多田一路（ただ・いちろう） 立命館大学教授
河上暁弘（かわかみ・あきひろ） 広島市立大学教授
志田陽子（しだ・ようこ） 武蔵野美術大学教授
田中 隆（たなか・たかし） 弁護士
井口秀作（いぐち・しゅうさく） 愛媛大学教授
奥野恒久（おくの・つねひさ） 龍谷大学教授
清水雅彦（しみず・まさひこ） 日本体育大学教授
大江京子＊（おおえ・きょうこ） 弁護士
麻生多聞（あそう・たもん） 東京慈恵会医科大学教授
小沢隆一（おざわ・りゅういち） 東京慈恵会医科大学名誉教授
塚田哲之（つかだ・のりゆき） 神戸学院大学教授
三宅裕一郎（みやけ・ゆういちろう） 日本福祉大学教授
飯島滋明（いいじま・しげあき） 名古屋学院大学教授
大河内美紀（おおこうち・みのり） 名古屋大学教授
清末愛砂（きよすえ・あいさ） 室蘭工業大学大学院教授

編者

大江京子（おおえ・きょうこ）
弁護士。改憲問題対策法律家6団体連絡会事務局長。日本弁護士連合会憲法対策本部委員。中国人戦争被害賠償請求事件弁護団副幹事長。

永山茂樹（ながやま・しげき）
東海大学教授（憲法学）。共著『基礎からつくる立憲主義』（学習の友社）、『国家安全保障と地方自治』（自治体研究社）、『国会を、取り戻そう！』（現代人文社）など。

南 典男（みなみ・のりお）
弁護士、日本弁護士連合会憲法問題対策本部幹事、同秘密保護法・共謀罪法対策本部委員、改憲問題対策法律家6団体連絡会事務局、中国人戦争被害賠償請求事件弁護団幹事長。

改憲問題 Q&A 2025（地平社ブックレット 1）

2025年4月24日──初版第1刷発行
編著者……………大《おお》江《え》 京《きょう》子《こ》・永山茂樹《ながやましげき》・南《みなみ》 典男《のりお》
発行者……………熊谷伸一郎
発行所……………地平社
〒101-0051
東京都千代田区神田神保町1丁目32番 白石ビル2階
電話：03－6260－5480（代）
FAX：03－6260－5482
www.chiheisha.co.jp
装丁……………アルビレオ
印刷製本…………中央精版印刷
ISBN978-4-911256-20-6 C0032

地平社 乱丁・落丁本はお取りかえします。